Schirner Verlag

Der Autor

Dr. med. Ruediger Dahlke, Jahrgang 1951, Arzt und Autor, ist seit 1978 als Psychotherapeut, Fastenarzt und Seminarleiter tätig. 1989 begann er zusammen mit seiner Frau Margit mit Aufbau und Leitung des Heil-Kunde-Zentrums für Psychotherapie, ganzheitliche Medizin und Beratung in Johanniskirchen (Deutschland). Seine Arbeitsschwerpunkte liegen im Bereich Seminare und Ausbildungen in Psychosomatik (Archetypische Medizin), Atem- und Psychotherapie, Fasten und Bildermeditation. Darüber hinaus hält er Vorträge und Trainings im deutschsprachigen Raum und in Italien.

Das Buch

In diesem Büchlein versorgt Sie Dr. Ruediger Dahlke mit Worten – und zwar auf die gleiche Weise wie ein guter Heilpraktiker homöopathische Mittel verabreicht: in kleinen, höchst heilsamen Dosen. Gerade wenn Sie es am nötigsten haben, weil Sie vielleicht krank sind oder viel zu tun haben, kommen Sie nicht dazu, sich ernsthaft mit sich und den Botschaften Ihres Körpers auseinanderzusetzen. Und genau dann sind Sie hier richtig. Ungewohnt poetisch gibt der Autor sein gesamtes Wissen in Form von eingängigen Sinnsprüchen weiter. Es wird tief in Ihr Inneres sinken und zu wirken beginnen, wenn Sie sich dafür öffnen.

Ruediger Dahlke

Worte der Heilung

Schirner Verlag

ISBN 3-89767-216-2

Erste Auflage

Umschlag: Murat Karaçay
Satz: Kirsten Glück
Herstellung: Reyhani Druck + Verlag, Darmstadt

Mandala-Motive aus Ruediger Dahlke: »Mandalas der Welt«
erschienen bei Irisiana im Heinrich Hugendubel Verlag Kreuzlingen/München

Printed in Germany

www.schirner.com

1

Was Aufmerksamkeit bekommt, wächst.
Wir entscheiden,
wohin wir unsere Aufmerksamkeit lenken
und was wir in unserem Leben wachsen lassen.

2

Heilung ist das kleine Ziel des Anfangs,
Gesundung der Weg dorthin.
Das große Ziel aber ist das Heil.
Es führt zu der Erkenntnis, daß alles heilig ist.

3

Die Initiative ergreifen
heißt einen Anfang machen;
ohne Initiative ist man ohne Anfang
und so schon immer am Ende.

4

Probleme sind das Vorgegebene,
sie wiederholen sich so lange,
bis wir bewußt zurückgehen
in die Vergangenheit
und sie wieder zu uns holen.

5

Den verhangenen Himmel empfinden wir
als Verhängnis,
dabei ist der Himmel unverändert da,
nur hinter Wolkenschleiern verborgen –
so auch die Erleuchtung:
immer da, lassen wir so vieles zwischen uns
und sie kommen.

6

Die Leichtigkeit des Seins ist der Anfang eines
befreiten Lebens,
Ekstase ist ein Vorgeschmack auf
die Erleuchtung
und bringt uns ihr näher.
Warum also nicht das Leben feiern,
während wir sie suchen und finden?
Denn wo die Freude nicht ist,
ist der Weg nicht.

7

Der Mensch will hoch hinaus
und erleidet Tiefe –
in Krankheit und Tragödie.
Wer aber freiwillig die Schattenreiche durchwandert
und die Nachtmährfahrt der Seele antritt,
dem werden sich Himmel und Höhe
wie von selbst öffnen,
denn sie (be-)ruhen auf den Tiefen.

8

Den äußeren Ärzten geht es um Vieles,
dem Inneren Arzt geht es ums Ganze.

Körper, Seele und Geist sind eins –
dies zu erkennen, bringt Gelassenheit
und innere Kraft,
es zu erleben, schenkt Heilung.

9

Der Körper ist die Bühne der Seele –
auf ihr werden auch jene Stücke gegeben,
welche die Seele verweigert.

Denn was die Seele nicht lebt,
lebt sich im Körper aus ...

10

Atome bilden Moleküle,
Moleküle bilden Zellen,
aus Zellen werden Gewebe,
Gewebe schaffen Organe,
Organe bauen den Organismus auf;
das Ganze aber ist mehr
als die Summe seiner Teile.

11

Das Zusammenspiel der Atome, Moleküle, Zellen,
der Gewebe und Organe
macht den Organismus zu einem Orchester –
dessen Dirigent die Seele ist.
Ist sie sich ihrer Rolle bewußt,
sorgt sie für ein harmonisches Zusammenspiel
und das Leben wird zur Symphonie.

12

Der Körper hat in seiner Wirklichkeit
und auf seine Art immer recht.
Seine Symptome und Einschränkungen zeigen,
was wir aus freien Stücken zu wenig leben
und wo wir unseren Aufgaben
nicht wirklich gerecht werden.

13

Jedes Körpersymptom enthüllt
eine Seelenaufgabe –
sie gibt sich dem zu erkennen,
der den Körper liest
wie das Buch der Schöpfung.

14

Heil ist der ganze vollständige Mensch,
der all seine Aufgaben wahr-genommen hat.
Unheil ist, wem noch vieles fehlt –
im Körper wie im Bewußtsein.

15

Frage:

Hast Du noch Aufgaben im Leben?

Antwort:

Wenn Du noch Krankheitssymptome hast,
sicherlich!

16

Wer alles weiß, versteht alles;
wer alles versteht, kann alles annehmen;
wer alles annimmt, ist angekommen!

17

Angenehm ist das Angenommene,
unangenehm das Unannehmbare;
die Annehmlichkeiten ergeben sich
aus dem Angenommenen.
Wer alles angenommen hat,
dem ist alles angenehm,
sein Leben ist voller Sinn –
und Annehmlichkeiten.

18

Das Unangenehme ist das Unangenommene,
es wird uns so lange belasten und belästigen,
bis wir es annehmen –
oder in Laster verwandeln.

19

Wir können die Unannehmlichkeiten
des Lebens annehmen und (er-)tragen
oder bekämpfen und unerträglich machen.
Ersteres bringt Freiheit,
letzteres schafft Tragödien.

20

Wo das Licht der Bewußtheit fehlt,
ist Dunkelheit und Krankheit;
es könnten daraus aber auch Erkenntnis und
Entwicklung wachsen.

21

Wie Krankheitssymptome
leuchtende Zeichen auf dem Weg sind,
die gedeutet und verstanden werden wollen,
sind Schmerzen Hilferufe,
die Beachtung verdienen.

22

Der Körper
schreit nur dann laut um Hilfe,
wenn seine leisen Rufe
überhört wurden.

23

Symptome sind Meilensteine auf dem
Entwicklungsweg –
sie können zu hellen Leuchtfeuern werden
in der dunklen Nacht der Seele

24

Die Muster des Weges
sind wie Leuchtspuren
auf der Landkarte der Seele.

25

Zeichen bleiben – ohne Deutung –
bedeutungslos –
und können den Weg nicht weisen.

Manchmal muß man vom Weg abkommen,
um nicht auf der Strecke zu bleiben.

27

Umwege erhöhen die Ortskenntnis.

Verlegenheit erlebt,
wer falsch liegt!

29

Krankheit ist Absonderung von der Einheit.
Krankheitsbilder zeigen Abweichungen vom
Entwicklungsweg;
sie sind Mosaike aus Symptomen und Fehlern.
Fehler enthüllen Fehlendes;
Fehlendes will integriert werden.
So geschieht Wachstum;
Wachstum zielt auf Vollkommenheit.

30

Fehler verraten, was fehlt.
Befehle wollen das im Außen ändern.
Es wäre gut, sein Inneres zu öffnen
und Fehlendes einzulassen.

31

Unfälle und akute Symptome
sind plötzliche unerwartete Lektionen,
chronische Krankheitsbilder
langfristige Aufgaben;
gelernt werden muß ständig und immer.

32

Wer mit Freude lernt,
hat mehr vom Leben.

33

Ziel des Weges ist das Heil.
Heilungen sind Etappen auf dem Weg.
Jede Heilung macht runder und vollständiger
auf dem Weg zur Mitte.

34

Wie Meditation
zielt Medizin auf die Mitte
– mit ihren Mitteln;
ihr Heilmittel, das Re-medium,
will die Mitte zurückbringen
und uns in sie.

35

Wo der Weg das Ziel ist,
sind wir in jedem Moment am Ziel;
umfassende Heilung – das letzte Ziel –
mündet in allumfassendes Bewußtsein.

36

Wer heiler werden will,
muß ständig Neues einlassen.
Letzte Heilung macht vollkommen;
Vollkommenheit mündet in Heiligkeit.

37

Jeder Organismus und jedes System
zielt auf die Ordnung der Vollkommenheit.
Dem entsprechen wir am besten
aus der Ruhe unserer Mitte.

38

Wo sich Dunkelheit und Unbewußtheit
in Licht und Erkenntnis wandeln,
entwickeln sich Inseln der Klarheit.
Wenn sie sich verbinden
zu Landschaften und Kontinenten,
wächst das Licht,
und Freiheit wird Wirklichkeit.

39

Jede Körperregion und jedes Organ
haben Sinn und repräsentieren Lebensthemen.
Wo Themen untergehen,
ergeben sich dunkle Flecken der Unbewußtheit;
daraus werden Symptome –
Chancen, den Kurs des Lebensschiffes
zu korrigieren.

40

Der Körper braucht das Notwendige,
er leidet an Überfluß und Mangel
gleichermaßen.
Alles Zuviel ist ihm Last, jeder Mangel Qual,
aber er nimmt und entbehrt demütig
und geduldig,
was die Seele ihm zumutet.

41

Entbehrungen hat der Körper
über Jahrmillionen zu ertragen gelernt,
am neuen Überfluß aber trägt er schwer
und ist ohne Vorerfahrung.

42

In jeder Sekunde vergehen im Körperland
zehn Millionen Zellen,
in jeder Sekunde werden zehn Millionen
neu geboren –
das einzig Beständige im Fluß des Lebens
ist das ewige Stirb und Werde.

43

Krankheitsherde sind
wie Baustellen auf Straßen,
sie (be)hindern den Fluß
und verbrauchen Energie,
zielen aber auf Besserung.

44

Wer sich dem Leben gegenüber öffnet und weitet,
kann auch seine Blutgefäße weiten und öffnen
und die heilende Wärme genießen,
die mit dem Fließen einhergeht.

45

Wärme kommt von innen
und verströmt sich an den Grenzen –
sie heilt mich und meine Umgebung.

46

Fließen und Strömen sind das Wesen
des Lebensflusses;
er bewegt sich in Richtung Heilung,
gleichgültig ob wir es wahr- und wichtig nehmen.

47

Kälte spiegelt Enge und Behinderung
des Lebensstromes.
Sie in Wärme zu wandeln,
heißt den Weg der Heilung wählen.

48

Ein Herz,
das sich im übertragenen Sinne weitet,
und das Leben wärmt,
bleibt körperlich gesund.

49

Verschaffen wir unserem Herzen
zu wenig Luft,
zerfressen die geschluckten Emotionen
zuerst den Magen
und dann uns.

50

Wenn dem Magen nicht bekommt,
was er bekommt,
wird er sauer
und bei »armen Schluckern«
leicht zum Schlachtfeld
ungelebter Emotionen.

51

Wer das Leben und seine Früchte
nicht genießen kann,
wird über kurz oder lang ungenießbar.

52

Die Welt essen, das Leben verdauen –
der Darm verdaut Materie
wie wir das Leben.

53

Das Leben lebt am intensivsten in der Leber,
unserem Labor.
Ora et labora – Beten und Arbeiten –
sind hier zuhause.

54

In einer giftigen Welt muß der Organismus Gifte
erkennen und loslassen.
Die Dosis macht das Gift,
der neue Überfluß macht ihm zu schaffen.

55

Abhängige haben ihr Lebensschiff abgehängt von
der eigenen Richtung.
Sie treiben aber noch im Fluß des Lebens;
verloren ist nur die Freiheit,
die Richtung selbst zu wählen.
Diese Freiheit zurückzuerobern
bedeutet heiligen Krieg,
denn es geht ums Ganze.

56

Das Leben ist voller Chancen,
die an dunklen Stränden gestrandete
Lebensbarke wieder flottzumachen
und neuerlich Kurs
auf die Küsten des Lichts zu nehmen –
um Sucht in Suche zu wandeln.

57

Und sind wir nicht alle abhängig
von irgend etwas
und behindert im Vergleich
zu irgend jemandem?

58

Jedem Knoten, den wir im Körper lösen,
entspricht einer im Bewußtsein.

59

Wasser braucht der Körper
wie Wärme und Bewegung –
um seine vielen Gleichgewichte zu erhalten
und fließend die Mitte zu bewahren.

60

Das Wasser des Lebens ist in jeder Zelle
und fließt zwischen allen Zellen,
es strömt in unserem Blut
und ist das Element der Seele.
Lebendiges Wasser belebt uns
und ist das wahre Lebenselexier.

61

Was immer der Körper schwitzend löst,
erleichtert ihn,
in unzähligen kleinen Tropfen –
in jedem kann er Überflüssiges loslassen.

62

Wird die Flut der Schweißtropfen
durch frisches Wasser ersetzt,
wird der Leib in jedem Tropfen
neu geboren.

63

Der Körper ist vor allem Wasser
wie die weißblaue Oberfläche unseres Planeten.
Leben beginnt im Wasser des Urmeeres,
unseres im Fruchtwasser.
Wenn Leben an Land geht,
nimmt es die Wasser des Ursprungs
in jeder Zelle mit.

64

Drei von vier Teilen unseres Körpers
sind zu Beginn des Lebens
Wasser
und noch zwei von dreien am Ende,
wenn das Leben uns ausgetrocknet hat.

65

Zuerst werden wir hinter den Ohren trocken –
und gegen Ende unseres Lebens
geraten wir in Gefahr,
gänzlich zu vertrocknen.

66

Die Nieren suchen in jedem Moment
das Gleichgewicht
zwischen Yin und Yang,
weiblich und männlich,
– jenen Gleichklang, den wir auch
in der Partnerschaft anstreben.

67

Zu wenig und zu viel
sind der Narren Ziel.
Das Ziel des Lebens ist Gleichgewicht –
es lebt vom Ausgleich der Kräfte,
von der Balance zwischen
Körper, Seele und Geist.

68

Das große Ziel ist
die Versöhnung der Gegenpole
und das Leben
in der Harmonie der Mitte.

69

Harmonia,
die Göttin des Gleichgewichts,
ist ein Kind von Krieg und Frieden,
von Mars und Venus,
– sie lebt in und aus beiden.

70

Um die Wirbelsäule, unsere Weltachse,
dreht sich unser Leben.
Sie verrät, wie wir es verbringen,
ob die Dinge richtig zueinander stehen
und alles im Lot ist;
und sie ist die Säule,
auf der die Last unserer Existenz ruht.
Gestützt auf die Wirbelsäule
können wir durchs Leben wirbeln
oder es ertragen …

71

Wir müssen mit unserem Engel ringen
und uns dem Kampf des Lebens stellen,
wenn wir die sieben Sprossen der Jakobsleiter
erklimmen wollen,
um das Himmelreich Gottes in uns
zu verwirklichen.

72

Sieben Chakren,
sieben Sprossen der Jakobsleiter
– eine Wirbelsäule.
Hauptsache,
wir gehen und steigen auf.

73

In den Knochen liegen
unsere Struktur und Stabilität.
Ihre Festigkeit ist unsere.
Mit Ballast, den wir durchs Leben schleppen,
schwächen wir uns.
Je besser und schneller wir uns entlasten,
desto mehr Last nehmen wir den Knochen ab
und erhalten sie fest und dauerhaft.

Bewegung ist Voraussetzung für Gesundheit;
ausgewogene Ruhe ist ihre
gleichberechtigte Ergänzung;
Vorbeugung ist besser als gar keine Bewegung.

75

Unsere Muskeln bewegen uns.
Um sie zu erhalten,
müssen wir sie benutzen.

76

Körperliche Bewegung bringt den Atem
in Gang – sein Muskel, das Zwerchfell,
massiert die Därme;
bewegte Därme fördern die Verdauung;
gute Verdauung sorgt für Energie;
Überfluß an Energie belebt
die Gedankenströme,
die das Bewußtsein erweitern.
So hängt alles mit allem zusammen.

77

Wer sich von den vielfältigen Themen
des Lebens erregen läßt
ist gut geschützt vor Erregern.
Wer sich nie erregen läßt
öffnet den Erregern Tür und Tor.

78

Wie die Engel haben wir Flügel –
unsere Lungenflügel.
Auf ihren Schwingen können wir weit segeln
und atmend dem Seelenvogel
Weite und Leichtigkeit schenken …

79

Innere Flügel
wollen auf innere Reisen tragen.
Auf den Schwingen der Bilder und Träume
erschließen sich neue Universen.

80

Ein- und Ausatem
sind wie Nehmen und Geben –
gleichermaßen seligmachend.
Was immer wir einatmend hereinnehmen,
müssen wir ausatmend wieder loslassen.

81

Wer alles (in seine Seele) einlassen kann,
wird auch alles wieder loslassen können.
Die Leere ist das Eine und das All –
das Heil und das Heilige
entwickeln sich aus ihr.

82

Ein langer Atem
trägt ruhig durchs Leben
und bringt stetigen Fortschritt.

83

Wer durchs Leben hechelt,
ist schnell damit fertig.
Wer dagegen mit seinen Atemzügen haushält,
kann sich auf den Schwingen
eines langen Atems
genußvoll durchs Leben tragen lassen.

Der große runde Atem
läßt die Seele wachsen
auf ihrem Weg zur Vereinigung
mit allem und jedem.

85

Wir leben alle unter demselben Himmel,
haben aber nicht denselben Horizont.
Wer seinen Horizont ein Leben lang erweitert,
dessen Wahrnehmung wird wachsen
und endlich grenzenlos werden,
– sie wird den Himmel erreichen,
und er wird ihn in sich finden.

86

Achtsamkeit nach innen und außen
verhindert Blockaden und Dramen –
sie macht das Leben achtbar.

Augen photographieren die Welt –
wichtige Bilder sammeln sich
im Album der Seele.
Augen sind aber auch Fenster der Seele –
sie erlauben den Blick nach innen
und die Schau der Welt des Sichtbaren
und des Unsichtbaren –
wenn »sehen« und »schauen« eins werden.

88

Zauberhafte Augenblicke verzaubern
auch die Augen
und ermöglichen Zauberblicke.
Solche Augen- und Zauberblicke
verwandeln das Leben
in ein Fest
und die Augen in Sterne.

89

Wer sich in die Augen blicken kann,
muß sich nicht auf die Finger schauen.
Vertrauen ist gut,
Kontrolle ist Mangel an Vertrauen
und folglich nur
Zwischenstation auf dem Weg.

90

Bildung beruht auf Bildern,
Seelenbilder sind die Sammlung
aller Eindrücke, die uns innen erreichen,
sie bilden die Seele –
unseren eigentlichen Schatz.

91

Imagination ist die Fähigkeit,
innere Bilder aufsteigen zu lassen.
Aus dem Bilderschatz der Seele
wird sich der Weg ergeben –
zu innerer Schau und zu Visionen.

92

Image ist das äußere Bild,
das wir von uns in Szene setzen,
ein Bild, das wir uns machen
und anderen vermitteln:
Es soll Eindruck machen und wirken.
Mit der Wirklichkeit hat es oft wenig zu tun.
Die inneren Augen wüßten es besser.

93

Die Ohren empfangen den Klang der Welt.
Hören wir ihn
in seiner ganzen Tiefe und Weite?
Lauschen wir nur auf Informationen,
oder horchen wir auch auf die innere Stimme
und gehorchen ihr?

Die Haut ist zugleich Kontaktfläche
und Grenze zur Welt –
über sie öffnen wir uns dem Leben
oder wehren es ab.

95

Wie uns das Leben schmeckt,
erleben wir auf Zunge und Gaumen –
süß oder sauer, bitter oder schal.
Die Würze und die Schärfe des Lebens spüren wir
zuerst im Mund –
ob wir aber Geschmack entwickeln,
zeigt sich in allem,
womit wir uns umgeben.

96

Die Umwelt
ist der Spiegel unserer Innenwelt –
den Spiegel zu verändern,
ist nur als Ritual sinnvoll.

97

Was draußen stört,
muß innen Problem sein.
Was sich innen löst,
löst sich irgendwann auch außen.
Was sich außen
in einem bewußten Ritual erlöst,
kann innen wie außen gelöst sein.

98

Es geht weniger darum,
die Welt zu verändern
als die eigene Sichtweise.

Wir wittern Chancen
und riechen Gefahren –
eine Nase für die Dinge des Lebens
zu entwickeln
bringt uns dem Ziel
und dem Heilsein näher.

100

Wenn alle Sinne wach und bereit sind,
können wir alles wahr- und wichtig nehmen
– innen und außen –,
das Täuschende durchschauen,
das Fehlende hereinlassen
und weiter wachsen
in Richtung Heilung.

101

Der sechste Sinn
und der siebte Himmel
sind nicht greifbar,
aber wir ahnen sie.
Sie rücken näher,
wenn wir uns dem Heil öffnen.

102

Essen und Trinken halten Leib
und Seele zusammen,
Fasten und Trinken erlauben der Seele,
sich zu lösen –
und den Körper als ihr Haus zu erkennen.
Dieses Haus zu einem würdigen Tempel
zu machen
ist das Ziel bewußten Fastens
und spiritueller Körperkultur.

103

Nahrung ist für den Körper so wichtig
wie für Seele und Geist.
Wie wir unser Essen verdauen,
so verdauen wir auch die Welt.

104

Wer alles in sich hat,
ist auch in allem.
Durch solche Augen
betrachtet Gott sich selbst –
die Schöpfung.

105

Gesund ist,
was heil macht,
angenehm ist,
was nicht am Unheil rührt.

Gesundheit
ist ebenso ansteckend wie
Krankheit.

107

Krankes will heilen,
Mangelhaftes wachsen,
Fehlerhaftes sich erweitern.
Enttäuschendes drängt zu Neuanfang.
Nachdem alle Täuschungen durchschaut,
Mängel behoben und Fehler integriert sind,
ereignet sich Freiheit –
so strebt alles zur Vollkommenheit.

108

Verhärtungen wollen sich erweichen,
Versteifungen flexibel werden,
Verfestigungen sich lösen,
Barrieren möchten umflossen
oder überwunden werden,
nachdem die Seele ihre Bedeutung erkannt
und angenommen hat.

109

Der geschmeidige Strom der Lebensenergie
nimmt seinen Lauf –
mit Kraft und Beharrlichkeit,
übermächtig oder sanft, stark oder weich.

110

Kampf bringt Krampf –
Härte findet Widerstand –
sanfte Beharrlichkeit
erreicht am Ende ihr Ziel.

111

Wer kämpft, braucht Widerstand,
er kann ihn brechen oder daran zerbrechen.
Wer ihn läßt, kann gelassen bleiben
und auf anderen Wegen weiterfließen.

112

In sich ruhen kann nur,
wer die Ordnung in allem erkennt.
Völlig gelassen ist nur,
wer alles losgelassen hat.

113

Mut
ist oft nur ein Mangel
an Phantasie und Erfahrung.

114

Müdigkeit ist ein Hilferuf der Seele
nach Regeneration und Ruhe,
guter Schlaf ist die Therapie
und ein Geschenk des Himmels.
Und obendrein:
Den Seinen gibt´s der Herr im Schlaf.

115

Wer sich im eigenen Rhythmus wiegt,
ist sich gewogen.
In den Schlaf gewiegte Kinder
schlafen glücklich ein,
große Kinder wollen auch glücklich sein.

116

Wer sich von der Dünung des Lebens
wiegen läßt
wird sich gewogen sein
und mit dem großen Strom des Lebens
schwingen.

117

Heil wird, wer das Meer des Bewußtseins bis auf den Grund beruhigt – von den Gefühlswellen der Oberfläche bis zu den Fontänen und Ausbrüchen der Emotionen.

Wo auch die Tiefenströmungen durchschaut sind, und das ganze Meer als das Eine und Eigene erkannt ist, mag der Tropfen erkennen, daß er im Meer ist, aber das Meer auch, daß es im Tropfen ist.

Das Eine ist in allem – das All aber auch in jedem Einzelnen.

118

Alle Elemente leben in uns
und wir in ihnen;
Wasser, Feuer, Erde, Luft
tragen unser Leben
und können uns
– jedes auf seine Art –
heilen.

119

Wo ein Element fehlt, sind wir unheil.
Aber nur Fehlendes kann heilen –
erkannte Fehler werden zu Meilensteinen auf dem
Entwicklungsweg.

Eigene Fehler sind besser
als fremde Tugend.

121

Wer keine Fehler macht,
kommt nicht weiter,
wer zweimal den gleichen Fehler macht,
vergibt seine Chancen.

122

Wachsen heißt,
sich öffnen für das Leben
und seine Herausforderungen.
Und nur wer sich fordern läßt,
wird gefördert.

123

Das Leben ist ein Übungsfeld,
eine Spielwiese,
auf der sich mit Genuß und Hingabe
herumtollen läßt.

124

Je rascher die Spielregeln durchschaut werden,
desto mehr Freude macht das Spiel.

125

Das Ziel des Spieles ist erreicht,
wenn alle Regeln durchschaut
und alle Stationen bewältigt sind –
wenn man gewachsen und erwachsen ist
und seinen Lebensplan bewußt
und freiwillig erfüllt.

126

Wer nachtragend ist,
trägt jemand anderem eine Last nach.
Lohnt sich das?

127

Wer beleidigt ist,
nimmt freiwillig Leid auf sich,
Lohnt sich das?

Wer schwere Lasten tragen muß,
kann – sofern der Ertrag ausbleibt –
dem Lästern oder den Lastern verfallen.
Wenn es unerträglich wird,
kann er Tragödien inszenieren
oder erkennen, daß alles ertragen werden muß.

129

Jeder hat seinen Auftrag –
Beschwerden machen ihn nur schwerer.

130

Nur erfüllte Aufgaben lassen wir hinter uns,
aufgeschobene bleiben uns und greifen um sich;
beseitigte Probleme landen auf der Seite –
so füllt sich der stetig schrumpfende Rest
unserer Lebenszeit
mit ungelebten Herausforderungen.

131

Das Gerümpel unseres Alltags ist
wie Sand im Getriebe eines Uhrwerks:
Es läßt die Zeit holprig
und das Leben unrund verlaufen.
Aufräumen kostet nur Zeit,
Unordnung kann das Leben kosten.

132

Heilen heißt lieben,
sich heilen heißt sich lieben.
Lieben läßt uns weit und offen werden –
für unsere eigene Wirklichkeit
und die der anderen.

133

Liebe macht weit und offen,
Einlassen ist ihr Wesen
und Aufnehmen ihre Erfüllung,
Eindringen kann sie vermitteln,
ihr nahe kommen, aber nie sie sein.

Weit und offen sind wir unverletzbar.
Alles hereinlassend
werden wir durchlässig und frei.

135

Seine Schöpfung ist so groß,
daß wir niemals herausfallen können,
wie weit wir uns auch hinauslehnen
aus ihrer und unserer Mitte.

Glück ist Im-Fluß-Sein und Mitfließen,
Unglück ist Stolpern und Anhalten.

137

In der schwebenden Erfahrung
des Augenblicks
ahnen wir die Leichtigkeit
des Seins
und die Möglichkeit
zur Vollkommenheit.

138

Im Moment des Einsseins mit allem
wird alles möglich –
auch die Heilung der Seele,
und der Körper kann ihr folgen ...

139

Die Schwingungen von Worten
können uns berühren und treffen.
Deshalb vermögen die richtigen Worte
zur richtigen Zeit
die Seele zu heilen –
und die Seele ihrerseits den Körper.

140

Heilwerden bedeutet,
die Vergangenheit anzunehmen,
die Zukunft offenzulassen
und den Augenblick zu wagen.

141

Die Fülle und die Freiheit
kommen zuletzt zusammen
und waren immer eins.

142

Der Zauber des Augenblicks
liegt in der Magie des Alltäglichen.
Zauberworte sind magische Worte,
die auf den Moment zielen
und in ihm die Ewigkeit berühren.
Hier kann wahre Heilung geschehen.

143

Heilung ist möglich,
solange die Hoffnung lebt.

144

Die Kunst des Lebens ist,
den eigenen Weg zu gehen –
ohne auf der Strecke zu bleiben.

145

Die Wiederverzauberung der Welt
fördert die Magie
und so das Wunder der Heilung.

Die Hoffnung auf Heilung
schafft jene zauberhafte Atmosphäre,
die Wunder wirkt.

Meine Gedanken

Meine Gedanken

Meine Gedanken

Meine Gedanken

Meine Gedanken

Veröffentlichungen von Dr. Ruediger Dahlke

Bücher

Schlaf – die bessere Hälfte des Lebens. München 2005

Das Gesundheitsprogramm. CH-Kreuzlingen 2004

Fasten Sie sich gesund. CH-Kreuzlingen 2004

Krankheit als Symbol. München 1996

Von der Weisheit unseres Körpers. München 2004

Entschlacken – Entgiften – Entspannen (Wege zur Reinigung). CH-Kreuzlingen 2003

Aggression als Chance. München 2003

Mandalas der Welt. München 1985

Arbeitsbuch zur Mandala-Therapie. München 1999

Die Leichtigkeit des Schwebens. München 2003

Krankheit als Sprache der Seele. München 1992

Lebenskrisen als Entwicklungschancen. München 1995

Frauen – Heil – Kunde *mit Margit Dahlke und Prof. Dr. Volker Zahn*. München 1999

Krankheit als Weg *mit Thorwald Dethlefsen*. München 1989

Reisen nach Innen. München 1994

Das spirituelle Lesebuch. München 1996

Woran krankt die Welt? München 2003

Der Weg ins Leben *mit Margit Dahlke und Prof. Dr. Volker Zahn*. München 2001

Gewichtsprobleme. München 1989

Herz(ens)probleme. München 2000

Verdauungsprobleme *mit Dr. Robert Hößl*. München 1990

Die Psychologie des blauen Dunstes *mit Margit Dahlke*. München 1989

Der Meditationsführer *mit Margit Dahlke*. Darmstadt 1999

Bewusst Fasten. CH-Neuhausen 1993

Gesundheitskarten. München 2003

Die wunderbare Heilkraft des Atmens *mit Andreas Neumann*. München 2000

Mandala-Malblock. München 1984

Wege der Reinigung – Entgiften, Entschlacken, Loslassen *mit Doris Ehrenberger*. München 1998

Das senkrechte Weltbild *mit Nikolaus Klein*. München 1990

CDs

Heilmeditationen bei Goldmann Arkana-Audio: Tiefenentspannung, Innerer Arzt, Heilungsrituale, Schwangerschaft und Geburt, Entgiften-Entschlacken-Loslassen, Den Tag beginnen, Frauenprobleme, Lebenskrisen als Entwicklungschancen, Hautprobleme, Schlafprobleme, Tinnitus und Gehörschäden, Herzensprobleme, Niedriger Blutdruck, Rauchen, Krebs, Allergien, Rückenprobleme, Angstfrei leben, Kopfschmerzen, Naturmeditation, Partnerbeziehungen, Mandala-Weg zur eigenen Mitte, Elemente-Rituale, Heilungsrituale, Schattenarbeit, Visionen, Selbstakzeptanz, Selbstheilung

Mein Idealgewicht, mit Begleitbuch (3 CDs)

Entgiften – Entschlacken – Loslassen, mit Begleitbuch

Angstfrei leben, mit Begleitbuch

Rauchen, mit Begleitbuch

Tinnitus und Gehörschäden, mit Begleitbuch

Kindermeditationen: Märchenland, Ich bin mein Lieblingstier

Heilmeditationen beim Rhythmus-Verlag (D-84381 Johanniskirchen): Sucht und Suche, Verdauungsprobleme, Leberprobleme, Traumreisen, Vier Elemente

Weitere Angaben zur Veröffentlichungen, Vorträgen und Veranstaltungen von und mit Dr. Ruediger Dahlke finden Sie unter:

www.dahlke.at

Margit Dahlke &
Ruediger Dahlke
Meditations-Führer
Finden Sie die für Sie richtige Meditations-Methode
400 S., Paperback
ISBN 3-930944-83-9
Vorgestellt werden über 130 verschiedene Meditationsformen, geordnet nach Sternzeichen – so finden Sie die passende Methode zur gerade vorherrschenden Energie.

Susanne Hühn
Loslassen und Vertrauen lernen
Spirituelle Selbstverantwortung und innere Heilung
128 S., Paperback
ISBN 3-89767-140-9
Das Buch beschreibt einen spirituellen Entwicklungs- und Genesungsweg, der eine echte, tiefgreifende Verhaltensänderung zum Ziel hat. 12 Schritte bilden die Brücke zwischen dem eigenen Leben und einer gesunden spirituellen Kraft, die jeder für sich definiert, also nicht religionsabhängig ist.

Susanne Hühn
Loslassen und Reichtum schaffen
Die ideale Fülle finden in 12 Schritten
180 S., Paperback
ISBN 3-89767-182-4
Anhand der bewährten 12-Schritte-Methode zeigt Susanne Hühn, wie Sie einen entspannten Zugang zum Thema Geld finden und ein persönliches Gefühl idealer Fülle entwickeln, aus dem heraus wahrer Reichtum entstehen kann.

Modernes Fasten

144 Seiten, Broschur
ISBN 3-7205-2493-0

Ruediger Dahlke lernte während seiner 25-jährigen Tätigkeit als Fastenarzt, Psychotherapeut und Seminarleiter wie kein anderer die Bedürfnisse und Probleme seiner Klienten kennen. In *Fasten Sie sich gesund* erläutert er alle Grundlagen und gibt dazu hilfreiche Tipps, die sich an den Bedürfnissen moderner Menschen orientieren. Somit ist dieses Buch einer der modernsten und ganzheitlichsten Fasten-Ratgeber!

IRISIANA